AF432341

ATARDECERES QUE EL CONFINAMIENTO NO DESVANECIÓ

Alberto Redondo Salas

Autores Editores SAS.

Una vez más, al Creador, por la poesía sempiterna que fue un bálsamo en los días del aislamiento.

A la vida, gracias por regalarme las historias, la musa y los amigos que abandonan su esencia y se transfiguran en poemas.

Como siempre para mi par de retoños, los motivos de mis esperanzas en un mejor mañana: Albert Camilo y Adrián Emmanuel.

No fue una mirada, pero la deseé al leer tus poemas,
no fue una caricia, pero la deseé al escuchar tu voz,
no fue un beso, pero lo deseé al imaginar tus labios,
no fue un abrazo, pero lo deseé al despedirnos,
no fue nada, pero me dejó en evidencia al doblar la esquina.

Quizá tenga miedo
pero a la vez me siento en paz,
radiante y emocionado,
no sé si seré lo suficientemente valiente para vivirlo,
lo suficientemente fuerte para contarlo
o lo suficientemente débil para sólo imaginarlo...

ÍNDICE

PRÓLOGO

Cuando Alberto Redondo Salas me invitó a prologar *Atardeceres que el confinamiento no desvaneció*, no lo dudé un segundo. Sobre todo, después de leer el texto y de comprobar que su poesía no se ampara en las sombras de la petulancia ni en la liviandad del mercantilismo, que es poesía que nace del alma, que es poesía sincera, que simplemente es poesía, y que lo es porque está escrita con la sencillez, que solo quien entiende el mundo, puede proponer a sus lectores.

Es esa una de las virtudes que el poeta contemporáneo no suele poseer, y es precisamente por eso que no eludí el compromiso agradable de escribir estas páginas. Se dará cuenta el lector que mis palabras −tal como debe ser− acabarán siendo olvidadas en cuanto el punto final dé pie al primer poema. De eso se trata la poesía, en cierto modo: de hacer olvidar. Y este texto de Alberto Redondo Salas hace olvidar el confinamiento que bien merecido nos tenemos después de tantos abusos, y hace olvidar la tristeza de la distancia y el dolor de la soledad. Pero también la poesía se trata de rescatar cosas de manera sentida: rescatar sabores, olores, imágenes. Y aunque todos los hombres somos capaces de encontrar poesía en algo tan cotidiano como una puesta de sol, son pocos los individuos que pueden inmortalizarla en una pintura, en una canción o en un poema.

Pues bien, en este libro tenemos, no uno, sino sesenta poemas para burlar nuestros pesares y celebrar el amor.

Estoy seguro que cada lector encontrará en los versos subsiguientes un poco de sí mismo, quizá un recuerdo nostálgico, tal vez un deseo vigente, una añoranza hecha ovillos en el corazón. Resulta que la gran virtud de este conjunto de poemas es su capacidad de conectar con varias generaciones a la vez y de, sin embargo, no parecer pertenecer a ninguna en particular. A pesar de que el contexto está claramente definido a partir del título, *Atardeceres que el confinamiento no desvaneció* no es solamente una semblanza de los tiempos aciagos que atravesamos durante el 2020, sino que constituye un testimonio que trasciende lo coyuntural. El aislamiento es una mera excusa. El eje transversal de la poesía de Redondo es, además del amor, la soledad.

La mayoría de los seres humanos nos hemos sentido solos en algún momento de nuestras vidas, y los que no —alerta de *spoiler*—, seguro que se sentirán así un día. De modo que los temas de este libro no solo constituyen una apuesta de actualidad, sino que también son un saludo confiado a la perdurabilidad. Como siempre, será el tiempo quien dicte sentencia al respecto.

Mientras tanto, damas y caballeros, a vuelta de página les espera un poema casi con forma de mujer (¡las maravillas de la diagramación!), un microrrelato y muchos otros poemas más, de contornos diversos, alumbrados todos por el relámpago aleccionador de la esperanza.

¡A disfrutar, amigos, que ya bastante se ha sufrido y nos merecemos siquiera un poco la piedad de la poesía!

Iván Darío Fontalvo

PREFACIO

¡Dios mío, cuán vacías y melancólicas están las calles!... no hay botes en el río y el pasto crece descuidado. (Samuel Pepys)

Hace algún tiempo leí que la peste bubónica de 1606 detuvo la vida en Europa y obligó a millones de personas a vivir en aislamiento durante varios meses, y fue en ese lapso que William Shakespeare escribió algunas de sus más célebres obras de teatro, como ''Macbeth'', ''Anthony and Cleopatra'' y ''King Lear''.

Asimismo, también encontré que años después, en 1665, la peste bubónica arreciaba de nuevo, en lo que occidente denominó la "Gran Plaga de Londres" y que previamente había devastado ciudades como Sevilla, Milán y gran parte de Europa, lo que obligó al cierre del Trinity Collegue, una de las instituciones que conforman la Universidad de Cambridge en Inglaterra. Esto ocasionó que el estudiante Isaac Newton se refugiara en su residencia familiar en Woolsthorpe, a unos cien de kilómetros de Londres. Con apenas 23 años, aprovechó este tiempo para desarrollar sus más importantes descubrimientos relacionados con el cálculo, y esbozó significativas innovaciones en materia de óptica, gravedad y movimiento, que muchos expertos consideran las precursoras de la célebre teoría de la gravedad.

Es interesante cómo los eventos que obligan a las personas al confinamiento pueden propiciar ambientes de investigación y creación ideales. Siglo tras siglo, pandemia tras pandemia, la sociedad emerge de la zozobra igual de testaruda, pero algunos individuos tienen la posibilidad de salir al mundo, en cambio, con algo nuevo que proponer. Esta pandemia de covid-19 no constituye una excepción. Durante los días de aislamiento vimos a músicos produciendo melodías desde casa, a científicos trabajando más arduamente que nunca en sus laboratorios, a artistas plásticos dejando su huella gráfica entre las sombras de sus estudios y a escritores poniendo el alma en sus textos. Felizmente, pertenezco a este último grupo, y del confinamiento salí con un manuscrito de poemas que ahora ve la luz al público.

No podrán equipararse a las gestas monumentales de Shakespeare y Newton, pero constituyen una evidencia de que también en medio de la dificultad, puede el hombre convocar la poesía. Resultaron ser, ante todo, una terapia afortunada que me permitió sobrellevar la incomodidad del encierro de la mejor manera posible. En las siguientes páginas encontrará usted, amigo(a) lector(a), atisbos de melancolía y nostalgia, pero estoy seguro que encontrará también una balsa que lo regrese a la orilla de la esperanza y de la alegría. Espero de corazón que la lectura de estos poemas lo invite a sentarse frente al balcón de la vida, que se asome al universo de la belleza y que encuentre la fe en algún sitio, fe en que habrá un mañana poblado de personas un poco más humanas.

Alberto Redondo Salas

POEMAS QUE EL CONFINAMIENTO NO DESVANECIÓ

1 - CASI CON FORMA DE MUJER

El incesante
y casi melódico
tic, tac lontano
me recuerda
que los minutos
las horas y los días
se siguen estrellando
contra la pared
y mientras tanto
el desasosiego
me encadena
me coloniza
me esclaviza.
Sólo me queda
el consuelo egoísta
de buscar en las redes
aquella tenue fotografía
mirar tu mano asustada
que escasamente oculta
esas sonrisas traviesas
y al fondo un ocaso
que trae al ahora
los atardeceres
que la aflicción
del aislamiento
y el insomnio
no pudieron
desvanecer.

2- Coincidencias

Quizá fue la simple coincidencia
de que miradas desprevenidas
hubiesen vulnerado
la solemnidad de un balcón.

Tal vez fue la sencilla coincidencia
de encontrarnos en remembranzas
de bemoles nostálgicos
y canciones lejanas.

Acaso fue la milagrosa diosidencia
de encajar en soledades
de alinear fantasías
y aceptar realidades.

Quizá fue la sosegada coincidencia
de desprenderse de tierra firme
de naufragar en una hamaca
y perderse en el mar.

Tal vez fue la maravillosa coincidencia
de desvestir las caricias
de sintonizar los roces
y entregar ese anhelado suspiro.

Acaso fue la atrevida coincidencia
de desafiar las encrucijadas
de despejar las incógnitas
y domesticar los miedos.

Quizá fue la prudente coincidencia
de caminar sin afanes
de disfrutar los paisajes
y dar tiempo al tiempo.

Tal vez fue la celestial diosidencia
de honrar los presagios
de escuchar las corazonadas
y confiar en el amor.

3- COMO BRILLO DE VERANO

Si me vieras compañera
inventado nuevos ardides
para engañar el paso del tiempo,
necesito que te acerques
que colorees mis trincheras
y atiendas las confidencias
que mis entrañas custodian,
déjame conversar con tu sigilo
sé el lazarillo de mis ojos cerrados
el viento en los caminos largos
libera mi vida de este yugo de hiel.

Si sintieras como te veo
haciendo caminos nuevos
para vencer cada instante perdido,
me urge que aparezcas
derrámate sobre los cristales
quebranta mi muralla de ausencias
sana las cicatrices de las batallas,
permíteme guardarte en este pecho
sujétame a la voz de tus caricias
borra las evocaciones de los reveses
y en el centro del diluvio feroz
hazte coro de golondrinas
que narran pletóricas de júbilo
el brillo de un verano naciente.

4- CON AMOR SINGULAR

No le tengo miedo
a la admiración para siempre
ni a los fantasmas que se esconden
en las sombras bajo la cama
ni a los titanes que se resguardan
en los pliegues de la almohada,
no gasté los años
no perdí artefactos
gané experiencias
aprendí de los sabios
descubrí puertos y cumbres.
Con este amor perpetuo y singular
desde siempre te he amado,
estuviste en mis sueños infantiles
habitaste mi adolescencia
enamoraste mis pasiones
alimentaste mis júbilos
tomaste mi mano madura
poblaste mis reflexiones
y engalanas mis momentos felices
con la gracia de tu esencia
con tu arte de ser cómplice
de ser compañía
de ser vida
de ser poesía.

5- Conjugaciones del todo

Sé que estamos unidos desde antes
desde el principio y la esencia
un beso, un mimo
un gesto, una caricia,
una palabra, una mirada, una sonrisa
todo lo sanan, lo curan todo
son manifestaciones de lo infinito
y existen desde siempre.

Y cuando la realidad indolente
abofetea el brillo de mis esperanzas
la melancolía se pasea por mis venas
y me arranca un suspiro que duele,
con los hilos de la añoranza
intento juntar pacientemente
los fragmentos de mis sentimientos,
esos que saben que si tú no estás
me falta algo
me falta todo.

Me falta tu boca, tu cuello, tu regazo
tu aura, tu mirada, tus suspiros
tu amor, tu espera y tu deseo
tus más secretos pensamientos
tus más fervientes anhelos
lo que se ve y lo que se siente

faltas en mi reloj de arena
en los días de un par de eternidades
en el rostro de la pasión para existir
faltas en mis metáforas radiantes
en los adjetivos pletóricos
en los escaques blancos de mis caballos
en mis frases sin segundas intenciones
faltas en mis conjugaciones del todo
de lo que fuiste
de lo que eres
de lo que serás.

6- Constelación de lunares

Hoy siento celos de la luna
que acompaña sosegada
tu constelación de lunares traviesos
que incitan a tentar.

Advierto celos del cielo
que pincela con magia de artista
y se adorna colorido
con la paleta de tus besos.

Percibo celos del mar
que vierte tranquilidad infinita
y alegra sus arenas blancas
con las olas de tus picardías.

Tengo celos del horizonte
que es la brújula de tus miradas apacibles
y perseverante guarda los secretos
del puerto de tus imaginaciones.

Mañana palparé celos del sol
que con travesura galante
ilumina inmarcesible
el nacer de tus auroras.

7- Corazón obstinado

Cuando llegaste
amenazaste paradigmas
insinuaste galaxias
esbozaste sueños
desdibujaste fronteras
envolviste mis pulsaciones
te apoyaste en mi sombra
le diste alas a tu felicidad
te enamoraste traviesa
de un imposible agobiante,
pero una tarde
te aferraste a tus miedos
y caminando en puntas
te marchaste mansamente
cerraste el cielo
recogiste las cometas
acallaste el destello
escondiste el suspiro
ahogaste el pulso
y regresaste el regocijo a la crisálida.

Después del confinamiento
el azar coquetea con los designios
propone un pacto con las quimeras
y nos traspasa sin previo aviso
abriendo el libro de los secretos

en esa página floreciente
que pone en inevitable evidencia
este amor de siempre
y nos sienta en una terraza heroica
desde donde te veo más hermosa
y me expone vulnerable
a tu verbo que cautiva
a tu resplandor que obnubila
a tu luna que alboroza mi noche
a tu paz que me concede sosiego.

Y ahora me pregunto
qué quieres para tu vida
si besarás mis esperanzas
vencerás la mirada de tus cíclopes
despeñarás paradigmas
conectarás galaxias
consumarás los sueños
conquistarás naciones
derrotarás fronteras
alumbrarás mis sombras
bautizarás tus hoyuelos con mi nombre
y pondrás tu sello
en mi corazón obstinado.

8- Creación

Y si te amara más allá de mis oasis
si te esperara en las áridas dunas
de los desiertos de tu olvido
si te soñara dulce y arrullada
por el viento sibilante de las estrellas
y si fueras mía en el instante efímero
del trazo de una estrella fugaz.

Y si fuera tuyo en los segundos
que demora el agua entre los dedos
si sintiera cada rincón de tu ser
lo que duran las lámparas en apagarse
para dar paso a un nuevo día
si escapara entre tus ojos
con el ritmo apasionado
de un solo espabilar.

Y si durmiera en tu regazo
el breve lapso
que ocupa el beso de polen
de una abeja viajera
si merodeara en tu boca
el espacio simple
de la burbuja de vino
que escapó de la copa
y se hizo una gota de miel.

Y si estuviese en tus ojos
lo que tarda el rayo en dejar el firmamento
para besar furtivamente el mar
si el espacio fuera tiempo
y un segundo la distancia
entre tu voz y mi boca
seríamos creación
una y mil veces más.

9- CUANDO DUELE EL ALMA

Se muere el universo de una calma agonía
sin la fiesta del sol o el crepúsculo verde.
(Pablo Neruda)

A dónde va uno
cuando duele el alma
y las palpitaciones asfixian,
en qué rincón se van a dormir
los sueños huérfanos
que se perdieron en el camino,
en qué parajes recónditos
se van a esconder
las ilusiones de otrora,
en qué corrientes turbulentas
se pueden verter las ánforas
de los sacrificios perdidos,
en qué acantilado escarpado
se van a estrellar
las pasiones olvidadas,
a dónde van a escampar
los aguaceros fértiles
que dejaron de besar la tierra,
cómo se borran los tatuajes sin tinta
que marcaron los pétalos de la ilusión
y los minutos cual niños alegres
que se durmieron para nunca despertar.

Qué puertas puede tocar uno
cuando duele el alma
y los recuerdos envenenan,
en qué forja hirviente
es posible fundir
las alianzas postergadas,
en dónde se exilian
las promesas estériles
que el viento arrastró por los adoquines,
en cuáles páginas amargas
se diluyen las huellas
de los senderos compartidos,
a dónde van a ocultarse las estrellas rotas
las lunas enfermas de desiertos vacíos
regadas por lágrimas de olvido
hastiadas de vocablos tristes
y silencios de arenas grises,
a dónde van a hibernar
las mariposas floridas
que regresaron a la crisálida
esas que detuvieron su vuelo
y callaron su grito de tierra fecunda,
en qué bóveda desolada
con lápida de quejas tristes
se pueden dejar descansar
los escombros de lo que fue el amor.

10- De ambrosías desesperadas

Recuerdo aquel célebre aforismo
que una tarde espesa de domingo
me enseñaras cavilosamente
'los caballeros no tenemos memoria'
sin embargo, no encuentro las formas
ni los trazos ni los sonidos
que me permitan explicarte cómo
después de un nuevo abril
incluyendo amaneceres y crepúsculos
estaciones, trenes, marquesinas
lloviznas, redes y cafés en soledad
no puedo arrancar sus hojas sepias
de mis nostalgias de calendario.

Con remembranzas incurables
conmemoro mis labios húmedos
bosquejando soles y bemoles
sobre el pentagrama simple
de su espalda plácida y amable
aún tengo vívidos los poemas
que comencé a escribir sobre su pecho
y esos versos últimos
que se desdibujaron mansamente
en las parábolas insinuantes
de su cintura de juventud.

Cómo esquivo tu juicio
para que no adviertas
que la flama implacable
de esa pasión desesperada
y plagada de ambrosías
me enmaraña en sus tibiezas
y me aprisiona en los pliegues dulces
de su piel embriagada de rocío
no puedo desterrar de mi ensoñación
la tranquilidad desnuda
y la presencia absorta del espejo
conmovido por el reflejo inexorable
de mi mirada en sus ojos enamorados
y con una exhalación vestida de suspiro
le confesé que yo
desde este corazón culpable
silente y taciturno
que heredé de ti
también la amaba.

11- Desahogo

Maravillosa lluvia que bañas mi alma
que llenas de vida y renuevas
déjame perderme en tus gotas
llévale mis proverbios de veneración
delinea su cuerpo enumerando conexiones
recorre dulcemente sus expresiones
como mil lágrimas de alegría,
recuérdale el vibrar de sus alas bajo mis dedos
permítele que me vea a través de su paraguas
o en el prisma de la humedad de su aliento.

Milagrosa lluvia que alimentas la tierra
portadora mágica de pactos
mensajera de nuevas esperanzas
toma mi lápiz cabizbajo
reescribe esta historia
arrastra hasta la inmensidad del mar
el hastío de este aislamiento que duele
que avasalla y que desgasta
estréllalo contra los arrecifes salinos
que se evapore entre la espuma burbujeante
condénalo sin juicio
senténcialo sin jurado
destiérralo a las insondables profundidades abisales

donde sea solo un mal recuerdo
de esta golpeada generación
cuya gloria postrera será mayor.

12- Debí comprender

Debí comprender hace muchos años
que el amor es un salto al vacío
es la decisión de no dejar ir al otro
olvidándose de temores y prisas
que los idilios comienzan
cuando resuelves desoír el pasado
y asumes las riendas del destino.

Debí entender las señales
aceptar sin vacilaciones tu voluntad de besarme
mientras contábamos estrellas
descubrir la pasión soterrada
en tus ojos de ángel taciturno
y reconocer que los sentimientos silentes
son los que más eco hacen el pecho.

Debí aprender de tus premoniciones
robarme el vaivén de tus cayenas enamoradas
dejarme llenar de tus cuidados incondicionales
guardar las alas de tus manos
para que escribieran los relatos de mi pueblo
y aceptar las profecías diáfanas
que encontré al ojear tu biblia bajo la lluvia.

Debí inmortalizar tu aroma a jazmín
en los cajones ansiosos de mi ropa

atesorar la dulzura de tu boca cerrada
esconder en los bolsillos de mi pantalón
fragmentos frescos de tu candidez
para usarlos de talismán
en los días en que me untara de mundo.

Debí reconocer tus ganas deliberadas
de preservarte en mis recordaciones
que tu morada más segura
quedaba en la calle de mis venturas
descifrar que el centro de mi universo
se encontraba justo en el lugar de tu ombligo
y que mi perfecto salto
se hallaba en los acantilados de tu posteridad.

Debí acoger la promesa solemne
que nunca me declaraste
capturar tus estelas fugitivas
olvidar mi nombre en tu terraza
admitir tus intenciones de morir a mi lado
y aun así tener la certeza
de que a pesar de que el futuro es incierto
y que el mañana no está escrito
no me extrañarías en tus soplos de nieve
ni te lloraría en las ondas tibias de este mar de enero.

13- En vano

*Ojalá que la luna pueda salir sin ti, ojalá que la
tierra no te bese los pasos. (Silvio Rodríguez)*

Quise mancillar las flores
para que al despuntar el día
no adornaras mis jardines
con tus primaveras gloriosas.

Quise deshojar las palabras
para que no te forjaras en rimas
cuando empuñara el lápiz
y me enfrentara al indómito papel.

Quise manchar los vientos
para que en los atardeceres
no te volvieras la lozanía alisia
que acaricia la existencia.

Quise deshonrar los colores
para que no asumieras mis paisajes
e inventaras retratos impresionistas
que apretujan las entrañas.

Quise empañar las remembranzas
para que no danzaras sobre mis verbos
y convirtieras pasados lontanos
en presentes torturadores.

Quise callar la lluvia
para que tus lágrimas
no hicieran brillar las aceras
con tristezas de olvidos rústicos.

Pero todo fue en vano
las flores se alimentaron de la lluvia
los vientos musitaron palabras tuyas
y las evocaciones se vistieron con tus colores.

14- Escrito a dos manos

Hazte sinfonía, danza en mis oídos, susúrrame
el placer de estar contigo, invítame a añorarte
en mis sueños recónditos. (Ella).

Ese día quedé prendado de ti
de tu arte y forma de vivir
quedé seducido con tu aura,
tu voz altiva e inquebrantable
me transportó en cuerpo y alma
a paraísos de acuarela y rocío,
tu sonrisa sublime de arpa
secuestró mis sonidos impacientes
y los transformó en melodías
de rimas sempiternas.

Ese día besaste las orillas de mi vida
tú el mar, yo la arena de mujer
llegaste con las gaviotas
y cual espuma rozaste mi piel,
acariciaste mis finos resplandores
apagaste el sol ardiente
encendiste el firmamento estrellado.

En un instante,
como un relámpago sordo
sentí que finalizaba tu preludio
dejándome con la infalible certeza
de que cuando sucediera

nunca más te volvería a ver
así que desesperadamente
te amé con fervor cada segundo
y como a las cosas inalcanzables
con un dolor punzante
en momentos también te odié.

En la plazoleta te miré fijamente
traté de guardarte en mi memoria
de grabarte en mis designios
para que en algún despertar
te aparecieras como esa ilusión fugaz
que dejaste sellada en mí
con la estela que dejan a su paso
los seres mágicos
que develan sin juzgar
que marcan sin rozar
pero que tientan con sigilo
y apresan en su evocación.

Por eso querida mía
si algún día tus ojos no me ven
ciérralos, piénsame, recuérdame
imagina los bordes de la luna y tócame
deja tus labios en una botella
para encontrarlos en mi tormenta
séllalos con el lazo de un suspiro
guarda también unos versos
que me roben el aliento
y aunque el futuro sea incierto
la poesía nos unirá en silencio.

15- FRAGMENTOS DE TI

I

Necesito mirarte a los ojos
y decirte tantas cosas
esas que hablo con tu yo imaginario
las mismas que me asfixian
que le confieso a mi memoria
en los desvelos de mi almohada.

II

Te busco entre el cosmos
escudriñando el hostil firmamento
y a veces, sin pensarlo
encuentro tu caricia que esperanza los todavía
entre tus quizá se me escapan sinceros
los aún ilusorios de un quédate
y las errantes promesas de un te quiero.

III

Tu voz deambula en mis escondrijos
se pasea por las aceras de mi puerto
en los rastros de las caracolas
te vislumbro, te adivino
estás en cada canción del viento
en mis postigos clausurados
en el descanso de mis instintos
ayudándome a sobrevivir en los días aciagos.

IV

Eres cruel también
porque me duermo musitando tus rimas
y cuando en mis sueños boreales
estás a punto de besar mi ribera
atraviesas las persianas
como un ángel incandescente
que colma mis auroras
con la alegoría de tu semblante.

V

Quisiera atraparte en las pausas de los libros
olvidar la absurda sensación
de que me sobra la vida misma
si no la vives conmigo,
que te hagas lluvia de verano
sereno tibio de madrugada
que no me faltes cuando me atavíe de soledades
y de reminiscencias del aroma de tus flores.

VI

Por eso cada ocaso guardo en un cofre
arreboles de mis fantasías
destellos de mis cataclismos
para vaciarlos lentamente sobre tu alma
ese mañana anhelado y mágico
en que vengas a rescatarme de la humanidad
y nunca más te alejes de mi lado.

16- Grietas del corazón

Siento el calor de tus besos
sonrojando mi camisa
y descubro cómo las gaviotas
errantes de tus ocasos anaranjados
borran de mis mapas
las rutas heladas
que fueron tallando con dolor
la añoranza y el deseo.

La pena de los bosques solitarios
y las lágrimas de luna
se perdieron mansamente
entre tus abrazos cautivadores,
se fueron cayendo como migajas
en cada uno de los saltos que dimos
sobre las piedras indemnes
de los ríos nacientes.

Los vestigios de canciones centelleantes
alumbraron los senderos
en que te esperé con la convicción del marino
que anhela el puerto tranquilo
donde el sentimiento de su vida
se confunde con el trinar del mar
que embriaga el tiempo
y el sol sale en la mirada
de los luceros de su amada.

Y comenzamos a escribir
una nueva historia sin fin
repleta de fantasías en arpegio
de días pintados en acuarelas,
una semblanza tejida
con tu paciencia de artesana
adornada por las puntadas de adoración
con que sanaste las grietas
de mi corazón aún enamorado.

17- GUERRERA DE MARIPOSAS

Guerrera de mariposas
y sueños férreos,
las perlas de tu virtud
adornan tu cándida figura,
bordeando tus curvas simples
se descuelgan fantasías apasionadas,
el galanteo de tu gesto
mece la luz sobre tus hombros
y dignifica tu fémina naturaleza,
esa clara bondad que te acompaña
hace de tus manos resguardo seguro,
en la calidez de tu regazo
el eco lejano de tu fervor
es cántico de ángeles azules,
el encuentro con tus ojos elocuentes
exalta la presencia trasparente
de una vida que resplandece,
en la sapiencia de tus frases
el abrigo se hace milagro,
en cada palmo la pasión te define
pero ni aun el misterio de tu soledad
puede describirte con metáforas,
el más profundo florilegio
rebosante de vocablos ceremoniosos
se pierde en el periplo de tu sigilo,
y en ese delgado manto

bañado con el rocío de mis besos
descubrí el amor y la ventura,
con la fe ciega de lo imposible
tu plácido rostro se hizo mi cielo,
hoy heme aquí, ante ti rendido,
enunciando la bienaventuranza
de tu presencia mágica,
con la resignación de mis fronteras vencidas
y la tranquilidad de haber triunfado.

18- HIMNO DE AUSENCIAS

Tengo marcado en el pecho todos los días que
el tiempo no me dejó estar aquí.
(Gian Marco)

Tengo relatos ausentes
de historias nunca escritas
que el tiempo sepultó
en las crónicas de su olvido.

Tengo noticias taciturnas
de latidos sin ritmo
donde palpitaron las nostalgias
de estos meses sin ti.

Tengo vacíos en mis venturas
de los momentos felices
que disfruté en silencio
contemplando a solas tu retrato.

Tengo palabras desoídas
de los versos afligidos
que nunca escuchaste
declamados en mi voz.

Tengo bahías lúgubres
adornadas con muelles vetustos
y embarcaciones inmóviles
que jamás conocieron altamar.

Tengo exhalaciones marchitas
de los suspiros prisioneros
que en mi pecho agobiado
de ningún modo germinaron.

Tengo cenizas en mis cabellos
de cada uno de los días
que esta aciaga temporada
no me dejó vivir junto a ti.

19- In memoriam

No pudiste escuchar mi petición
de que te quedaras
así como el destino hizo oídos sordos
con sus designios misteriosos,
ojalá te hubiese abrazado más fuerte
aquella tarde que nos cruzamos.

Resérvame en la otra vida
un rincón especial en tu corazón
para que nuevamente me enseñes
a perdonar heridas
y a olvidar rencores,
compraremos cervezas a escondidas
y alegraremos las tardes de los viernes,
buscaremos un sardinel tranquilo
donde podamos libar
hasta el último sorbo de vino
ojalá bajo la sombra de un árbol frondoso
para que los fulgores del astro rey
no maltraten nuestras caras amanecidas.

Dejaré que el vacío se llene con buenos recuerdos,
que sólo la cumbia acompañe el lugar,
invítame de nuevo a tu matrimonio
cuídame como a un niño triste
acompáñame a cantar un vallenato nostálgico

compárteme la más reciente alegría de tu princesa
mientras yo, trataré de encontrar las palabras
para responderle a mi hijo
por qué decidiste descansar junto al Creador
y no te quedaste durmiendo en casa.

Que se callen ahora mismo la música y las melodías
porque hoy mi espíritu sólo quiere decirte:
Buen viaje compañero de sueños infinitos
te prometo recordarte como un guerrero
que luchó por su vida hasta el último suspiro,
pero no te disculpo
esta tristeza que me despedaza el pecho
ni las lágrimas amargas que me atemorizan
y mucho menos te perdono
que con tu amistad
te estés llevando un pedazo de mi alma.

* * *

En memoria de "Egui", Edgardo Becerra Del Castillo, y de todos aquellos amigos y familiares que la pandemia nos arrebató.

20- Inventaré un rinconcito

De nuevo te esperaré
en el cruce de mi ilusión y tus sueños
nuestras manos se entrelazarán con las estrellas,
y las estelas de los cometas nos iluminarán
en la oscuridad del universo.

Otra vez descubriré razones
para hallarte en los reflejos de los luceros
dejaré mi aliento junto a los vitrales
las esperanzas a un costado del reloj
y clavaré el desconsuelo en un árbol del traspatio.

Te pensaré entre el miedo y el amor
vislumbrando tu silueta en la ventana de mi ilusión,
y en esas apariciones furtivas
permitiré que secuestres mis besos
que me redescubras pausadamente.

Imaginaré un rinconcito cálido
donde pueda esconderte de los prejuicios
encontraré un jardín para tus versos de primavera
un cubil donde esconder mis misterios susurrantes
y un manantial que guarde tu inocencia de gaviotas.

Liaré mi vida a la llave de tu alma
y recorreremos las líneas de la alborada más pura
siendo fuego de veranos tórridos
creando magia de cobertizos de nieve
conjugando juntos el amar en tiempo perfecto.

21- LA NOSTALGIA, EN SU ESENCIA

La nostalgia, en su esencia
es un desierto con arreboles grises
una vela apagada en la borrasca
cuya fumarola no se extingue,
es un florilegio de confesiones
sentadas en un abismo sin perdones,
son palabras que duermen profundas
abrazadas al yunque de lo que fuimos.

La nostalgia, en su misterio
es el susurro de la espuma blanca
que inventa mil maneras
para regresar al beso con la arena,
son las sensaciones escondidas
en los bordes iluminados de rocío,
es el sentimiento de un poema sin fin
declamado por querubines de guardia.

La nostalgia, en su naturaleza
es el resumen de un cuento sempiterno
de amores guardados por el viento
de cicatrices que custodian
el sabor amargo de las heridas
escritas con la última gota de sangre
en la esquina vetusta del dolor.

La nostalgia, en su esplendor
es el peso de las huellas en la acera
que la lluvia no puede borrar,
son caminatas de calendarios sin luna
con las manos guardadas en los bolsillos,
son comuniones de tormentas amables
momentos sin tiempo
presentes de un pasado
que el olvido se resiste a abrazar.

22- Lienzos dulces de atardecer

Mi mirada se escapa fugaz
por los cristales de la ventana
tratando de descubrirte o recrearte
en las siluetas de los cúmulos.

Me aferro a la caracola vieja
esperando que el sonido del mar
me traiga con un ave viajera
los himnos de tu regocijo.

Busco sin cesar que mis pensamientos
sean un puente hasta tu lejanía
y que nuestro hilo invisible
sea el ancla que te anude a mi puerto.

Que en esta fábula de amor
florezcan páginas nuevas
ávidas por los colores impetuosos
de la paleta de las complicidades

Que descubramos senderos inéditos
dejando huellas en serenidades distantes
y que una sombra peregrina
nos aprese en su guarida.

Quiero apagar las luces
hundirme en un latido impronunciable
y al abrir lentamente los ojos
aparezcas frente a mí.

Saltaría al cantil de tus brazos
y volaría bajo el mito de tus alas
por confines surrealistas
en lienzos dulces de atardecer.

El susurro de las exhalaciones
sería como rocío de cascadas
en el olimpo iluminado
de los dioses de la naturaleza.

El sol sería glacial
ante el ardor de tus besos
y el paisaje se postraría fascinado
de cara al óleo de nuestra leyenda.

23- Negaciones de Descartes

Yo te pienso, luego sonrío
y a tu lado comprendo
que la filosofía de nuestra narración
tiene como bitácora la confianza
así que asume con desparpajo
tener los ojos despiertos
o no tratar de abrirlos jamás;
aprendí a contemplar desde otra orilla
y conocí una magia arcana
que derrumba paradigmas y prejuicios
haciendo que dos más tres sean más que cinco,
contradije rotundamente a la razón
me prendí como un velero
al cabo de las impresiones de mis sentidos;
descubrí que las luces naturales
que emergen del misterio de tu mirada
vencen las meditaciones más oscuras
y la verdad clara de la ilusión
no demanda evidencias objetivas
ni dudas perennes
ni miopes prevenciones,
también que caminar tomado de tu mano
es sentir que se marcha por buen camino
sin importar el ritmo de los otros;
entendí que esta labor de conquistarte
al nacer el día o con la puesta del sol

no necesita métodos ni reglas,
que la perfección sublime
se encuentra a la vuelta de la esquina
cada vez que nuestras manos traviesas
juntan trozos de sus hallazgos,
que mi realidad solo se ordena
cuando se alinean tus deseos y los míos;
y aunque aprendí que las alegrías cómplices
son capaces se sofocar
las más profundas tristezas verdaderas
y este arbitrio de tenernos compartidos
no precisa de alabanzas o censuras,
pero al final mi reflexión sosegada
me dice a gritos ensordecedores
que el pensador tenía razón en algo:
primero te pienso y sonrío
luego existo.

24- No hubo un día

Cuando solo los estantes grises recuerden
atisbos de lo que fueron estos días
cuando el aislamiento sea trazos perdidos
olvidos levitando entre las parábolas
líneas marchitas y sombrías
en el diario sepia de las remembranzas,
siempre tendré presente
grabado como un tatuaje sobre mi brazo
que no hubo ni aún un día
en que no te amé,
no hubo ni aún un segundo
en que mis ríos cabalgando al mar
no rumorearon evocaciones de ti,
no habrá un día en que no rememore
que fuiste mi sanación de marzo
mi lluvia tranquila de abril
mi rocío de mañanas florecidas
mis suspiros en atardeceres de girasol.

Siempre izaré una bandera
que conmemorará tus batallas incansables
por la independencia de mis convicciones,
celebraré con honores inmaculados
los instantes de sed agobiante
en que tu dulzura de niña tierna
fue la gota que alivió mi ser,

y aunque los calendarios envejezcan
cada año evocaré en mis festivos
que no hubo aún un amanecer
en que no fuiste las pistas diáfanas
del mapa de mis regresos
a la poesía que ilumina la senda,
no floreció una sola palabra
que se perdiera al viento
antes de que la ternura de tu tez
la atrapara entre cuartillas blancas
y la volviera lírica
transformándola en versos que hacen bien,
la convirtiera en poesía artesana
que tejió sueños sin límites
e hizo de nuevo palpitar el espíritu.

25- Nubes de verano

Dime que a veces en mitad de la calma
broto como nubes de tu verano
y sientes que desbordo tus sentidos,
que hay instantes simples
en los que sin motivo,
me piensas más que otros,
que llego hasta ti, susurrante
y te invado sin permiso
con el deseo amarte hasta el último aliento.

Dime que hay momentos en que mi recuerdo
retoza alegre entre tus deseos
y mantiene viva nuestra conexión,
que a veces mis memorias
te roban un destello desprevenido,
que en la profundidad de tus noches
el reflejo de mi mirada te ha hecho compañía,
que el albor de mis caricias
ha esculpido la formalidad de tu cuerpo,
y sin permiso el anhelo de mis besos
ha humedecido la sed de tus labios.

Dime que hay días en que te abruma
mi capacidad misteriosa
para desnudar sentimientos recónditos
y encontrarnos en lugares imaginarios

donde sobran el tiempo y el reloj,
que tu soledad marmórea
se adorna con los suspiros de mi compañía,
que mis crónicas se cuelan por tu balcón
disfrazadas de brisa fresca
descubriendo matices en tus vivencias cotidianas,
que el aroma de mi ser
invade de blanco algodón
el cóncavo azul de tu existencia,
se funde con el aire que respiras
y se entrevera con los impulsos
que hacen latir tu corazón.

26- ODA A LA POESÍA

Me enfrentaré a la soledad
de la despoblada hoja en blanco
con la misma valentía gallarda
que encaro tu ausencia confinada
desafiaré los vacíos del alma
con versos matizados de rocío
haré conjugaciones de otras musas
entonaré canciones de otros cielos en que la vida nos sonría
me convenceré de postergar la muerte cada día
apreciaré nocturnos de sombras largas
aprenderé de los sabios y las mañanas de verano
escribiré relatos en los que juegue mi vida
callaré los pianos con tambores ahogados
evocaré este cariño triste, apasionado y loco
esconderé tus pasos en besos soslayados
derribaré la pared que separa nuestro sueño
caminaré las callejuelas de los tiempos de la cruz
cruzaré el río del amor de tu cuerpo que nunca acaba de pasar
me resistiré a la costumbre de andar con tanto de nada
abriré los balcones a las oscuras golondrinas
te encontraré en la desnudez de mi imaginación
dibujaré colinas verdes y pálidas, nubladas de flores
ocuparás mis ámbitos de deseo irrefrenable y voraz
buscaré en el fondo de ti al niño arrodillado y triste
reescribiré la fe de erratas de nuestro futuro
uniré tu mano a la mía para que el mundo no esté en pocas manos

me grabaré como un sello sobre tu corazón
brotaré como la espesa sangre reclamando mansamente su lugar
seduciré el vino luminoso y azul de la quimera
volaré encima del papel dejando en los labios la miel
te veré en el puerto junto al mar, clausurando besos
regresaré a tu nido a través de la escarcha y la neblina
conmemoraré tu nacimiento frente al alba y la brisa
elevaré la palmera más allá del último pensamiento
retozaré intranquilo y estético en la memoria de algún desconocido
y me levantaré desnudo sobre la roca inmensa del silencio.

* * *

*Este es un homenaje a algunos de los poetas y escritores que admiro,
respeto y más han influenciado mi obra: Porfirio Barba Jacob,
Aurelio Pizarro, José Asunción Silva, Konstantinos Kavafis, León de
Greiff, W.H. Auden, Joaquín Sabina, José Ángel Bueza, Tatiana
Guardiola, Jaime Sabines, Rafael De León, Luis Carlos López,
Eduardo Carranza, Silvio Rodríguez, Gustavo Adolfo Bécquer, Julio
Cortázar, Anne Carson, Louise Glück, Raúl Gómez Jattin, Pablo
Neruda, Mario Benedetti, Gonzalo Arango, Salomón, Álvaro Mutis,
Nicolás Guillén, Rubén Darío, Tito Mejía, Ismael Enrique
Arciniegas, Meira Delmar, Wallace Stevens, Pedro Conrado y
Octavio Paz.*

27- ODIO DE AMARTE

A veces odio que te vuelvas poesía,
desvistas mis pensamientos
y los traces con letras de molde,
odio que mis afecciones más profundas
queden retratadas en el papel
e invadas los episodios inexplorados
de este presente que añora,
de aquel futuro que sueña,
pero cuando más te odio
es en los lapsos en que no puedo tenerte,
y reinas inmaculada, radiante
en mis cavilaciones alboreas.

Te odio con toda la fuerza
que este amor por ti me da,
odio tu voz que retumba
en los inhóspitos habitáculos
de mi entendimiento andariego,
odio la remembranza de tus besos
que estremecen mi abrigo,
odio reconocer tu fragancia en mí,
odio que mi instinto se espabile
al reconstruir tu contorno
en el trasluz de mi cortina,
odio anhelarte, suspirarte, extrañarte,
odio amarte, desearte, sentirte,

odio que este egregio hastío
sea el sentimiento más cercano
al amor que me posee,
este odio de venerarte me transforma
y entre más lejos estás,
más te siento en mi vida,
y es en esos instantes
cuando el odio de amarte
me rebasa hasta desfallecer.

28- Ojos de mar

Aún no te tengo
pero me asusta
ver en tus ojos de mar
esas desbordadas ganas de amar
así como me inquieta
percibir en tus palabras
esos deseos de besar
que confitan tus labios
intentando desafiar mis certezas.

Cada vez que te acercas
me surcas con tu aura de niña
y trenzas mis fantasías
con los versos de tu pluma
embargándome de temores
que se adornan de poesía.

Al nacer el alba
cortejas mis suspiros
impetuosa y radiante
izando la bandera
de tu sonrisa fulgurante
y cuando sobreviene la penumbra
me envuelve el aroma de tus caricias
que aún no tengo
pero que he rozado
en mis sueños melancólicos.

Sella mis ojos
con tus pestañas temblorosas
mientras mis labios
reescriben tu destino,
emancipa las mariposas
déjalas que cabalguen
por tu casto vientre
mírame un instante
pon en jaque esa tristeza
olvida aquella aflicción
y surge de tus cenizas.

29- Oración de amor

Ven
te espero como siempre
frente a la presencia de las sombras
con la ilusión despejada al norte
con el preludio de una serenata de versos
ya el reloj apretó su marcha
y el calendario es casi ayer.

Abrázame
envuélveme en tu humanidad
rodéame en el brillo de tu espuma
arrúllame en tu bolero de voces nuevas
acompáñame hasta hallar el sueño
inclúyeme en tus peticiones.

Consiénteme
enciende con sigilo mi resplandor
ocúpalo con tu emoción
enséñame a cuidar tu amor
a protegerte en todo pasaje
colma de cortejos mis aposentos
méceme en el bálsamo de un posible mañana.

Encuéntrame
contémplame en tus plegarias
hazte lluvia alegre

en el desconsuelo de mis desiertos
y sabré en mis sueños
que fui la luna brillante
y la compañía de luceros titilantes
en tu nocturna oración de amor.

30- Pacto de amanecer

En la confabulación de la noche incierta
mi conciencia viajó por rutas astrales
y mientras deambulaba afligido
le protestó furioso al universo
por las auroras que nos adeudamos,
mis voces te invocaron
hasta el lugar que me acoge
para que lo avives con tu tibieza
lo eleves en tu esplendor
y lo traspases con tus flores,
mi revolotear de hojas caídas
en calles angostas y trasnochadas
adornadas de otoños sin memoria
te trajeron hasta el abrigo silvestre
de mis sábanas deshabitadas
te envolvieron en la estancia
del lugar donde es el alma
y no el cuerpo el que se entrega.

Ahora siento tus manos
devanando mis cauces
nuestras bocas se buscan
en la penumbra nocturnal
y no hacen falta los ojos
pues conocen el camino entre sí,
tus poros son cabalgados

por regimientos de mis deseos
mi aliento se alea con el tuyo
y me regalas el sosiego
para esta búsqueda agotadora de ti,
nuestras almas danzantes
se entrelazan en armonía
un estambre fulgurante de primavera
se oculta en el beso delicado
de la crisálida de la vida,
y son dos almas apasionadas
que se reconocen nuevamente
declaman sus promesas eternas
y se pactan en una sola
bajo la profundidad irreverente
de un sueño de amanecer.

31- Palabras asfixiadas

Envuélveme en un abrazo,
que el calor de tu cuerpo
y la humedad de tu respiración
curen esta sensación de soledad
que me aprisiona la consciencia.

Compárteme la certeza
del sueño de tu almohada
báñame en el magma de tus volcanes
que se cubran de estrellas
los cielos de mi casa.

Empújame sin previo aviso
al impronunciable frenesí tornasol
de tus besos líricos y torturantes
junto a tus palabras asfixiadas
en el sigilo de la ensoñación.

Báilame con el desparpajo
de un gato jugando con su presa
suena trompetas de guerras
y pacta una batalla feroz
entre tus cabellos y mi piel.

Escríbeme en tus motivos,
sofoca el fuego de las campanas

en los ríos de las aceras de tu cintura
que un huracán de viernes
derribe las puertas de tu tranquilidad.

Embriágame en las amapolas,
que tus ganas más básicas
domestiquen mis palacios de cristal
y los instintos de besos dormidos
sellen sus ojos en el vino de tu sudor.

32- Por los valientes

Por aquellos que se adoran tras el frío cristal
por los que se elevan en la distancia del mar
por aquellos que idealizan horizontes de amor
por los que se narran a través de un balcón
por aquellos que descansan en arrecifes coloridos
por los que convierten sus juramentos en realidades
por aquellos que regalan lumbre a los trances de penumbra
por los que humedecen de rocío las auroras
por aquellos que declaman sentados en los abismos del silencio
por los que esculpen el monumento que eterniza un beso
por aquellos que despejan las incógnitas de las dudas
por los que se hacen gota de lluvia al recorrer un cuerpo
por aquellos que tienen fe ciega en historias imposibles
por los que escriben tardes de casas de papel
por aquellos que se enamoran de una añoranza
por los que se alimentan de la ambrosía de una locura
por aquellos que revelan los mapas de sus caricias
por los que leen los labios con sus latidos
por aquellos osados que desafían el mundo
por los tenaces que apuestan por las verdades ocultas
por aquellos intrépidos que hacen que el reloj gire a la izquierda
por los que se sublevan a los cánones
por aquellos que idean grietas para esconderse del mundo
por los que hallan un camino para encontrar sus alegorías
por aquellos que disfrutan trenzando sus piernas en un sofá
por los que agradecen al cosmos a pesar del aislamiento

por aquellos que juran encontrarse en otra vida
por los que se sueñan juntos conquistando enigmas
por aquellos que dibujan versos a dos bocas
por los que caminan mirando al horizonte
por aquellos que levan anclas para conquistar mil mares
por los que reconocen su complemento a primera vista
por aquellos que creen que un hombro es el mejor lugar el universo
por los que visten de celebración todos los días
por aquellos que se esperan en las esquinas de su destino
por los que se reenamoran en cada despertar
por aquellos que aprenden a callar las palabras que no hacen falta
por los que enfrentan valientemente su presente
por aquellos que tallan su nombre en las marquesinas del mañana
por los que en un instante son todo
por aquellos, por los que faltan y por nosotros.

33- Primera conexión

Desperté extrañándote
como se anhela lo amado
como se nostalgia lo vivido,
te paseaste en mis nocturnidades
y me aferré a tu credo
sembrando en cada uno de tus poros
semillas sobrevivientes de mi alma
hasta deslumbrar el alba.

Y en el trasegar del día
mientras los minutos pasan,
tus figuraciones se hacen paisaje
mezclándose entre los cachivaches
y los quehaceres cotidianos.
Sobreviene el ocaso
sorprendiéndome con sus escalas
bebiendo de los vestigios
que mi piel deshojada
estruja de cada mensaje tuyo
que aún no respondí.

Será normal el dolor clandestino
de este veneno de serranías,
que faltes en la colección de mis retratos
que extrañe tu color de gitana
tu huella de sándalo y jazmín

¿Será que se puede libar tu miel
a través del cristal de las pantallas,
y las sospechas virtuales pueden latir
en las entrañas del pecho?
¿Se puede navegar por autopistas
mojadas de mariposas multicolores?
¿Será que el aislamiento nos da un respiro
y te asomas por mi ventana real?
¿Será posible el amor a primera conexión?

34- Prometo no devolverte la boca

Ha sido en vano
he intentado huir
escapar de ti
de tu mirada tempestuosa
pero estoy empapado hasta el alma
con la lluvia de tu piel dorada.

No veo la hora
de untar mis labios
con la alevosía de tus néctares
de callar tu sonrisa
con un beso desesperado
de embriagarme en tus exhalaciones
mientras se dispersan las horas
de formarte en mi pecho
como una niña en arrullo
de ser tu buena suerte
de lunes a domingo.

Y cuando llegue el momento
ceñiré mis brazos en tu cintura
te apretaré a mis entrañas
desglosaré los temores de tu cuerpo
habitaré tus cosechas
acentuaré tus jardines
te acompañaré en los faroles

beberé las brisas de tus lloviznas
firmaré mis iniciales en la proa de tus ilusiones
libertaré tus horizontes inéditos
caminaré en tus lecturas
teñiré tus palabras con mis sentimientos
me tallaré en tus recordaciones,
juro nunca más intentar huir
y prometo no devolverte la boca.

35- QUE MUERAN LAS UTOPÍAS

No me dediques poemas
trátame con indiferencia
te prometo que me iré en silencio
deambulando por caminos grises.
Que la noche te hable de mi ausencia
y los pinceles recuerden
nuestro romance enardecido de metáforas
mientras yo me quedo con la vida hecha trizas
apagando su afán de latir por ti.
Mi compañía será el desconsuelo
marcharé con las manos vacías
plagadas de penas tribuladoras.
Me dejas con el otoño de mil batallas
y el final de tu capacidad de comprenderme
sin la espera de tu paisaje
y con la juventud de tus reflejos marchitos.
No tuve tiempo de despedirme
del beso aromado de tus pasiones
no pude mirarte a los ojos
y dejarte un abrazo de cabañuelas
no pude pronosticar el día
en que el colibrí de mis ilusiones
se posara por última vez sobre el parpadeo de tu boca.

Llenaste mi mirada de tu amor
pero te vas con la excusa de evitar el sufrimiento

dices presentir el final
decides pasar la página
apagas la vela de mi voz
y no entiendes que
si arrancas la flor de la tierra que ha amado
riegas el jardín que un día fue glorioso
con tristezas agonizantes
y abonas la tierra con el dolor
de hojas secas que murieron en la brisa.
¡Levanten muros de dolor!
¡Sellen el puente de nuestro espejismo!
Que las campanas doblen en silencio
que el eco de los ladridos andariegos
apague las estrellas que te esperaron por siglos
para un día titilar bajo tus pies.
Arranquen los besos prohibidos
sellados entre las hojarascas del aislamiento
que mueran las utopías
depongan las conversaciones palpitantes
apaguen las hogueras de media noche
junto a los sueños sobresaltados
extingan los elogios al pasado que nunca fue
que exilien a los profetas
de pactos de libertad
y sometan a torturas indecibles
a los soñadores de amores imposibles.

36- QUIERO SER

Quiero ser el bálsamo que cubra tu alma
el escudo que te proteja de las dificultades
la fuerza que te impulse a vencer los desencantos
el rincón apacible en tus pensamientos
donde encuentres la tranquilidad
para enfrentar los avatares de la vida.

Quiero que crucemos miradas
y nos conectemos como siempre
que me atrapes en tu aliento
como si fuera la primera vez
ser tu resguardo en los días grises
iluminar tu faz con pinceladas de júbilo
ser tu motivo para levantarte del abatimiento
que descanses las esperanzas en mí
ser el guardián de la luz de tu luna
y el burlador del laberinto de tus temores.

Quiero ser la mano que tomes al mirar el ocaso
el espíritu que navegue el mar de tus sueños
el conquistador de tus bahías anónimas
el profeta de tus premoniciones excelsas
ver tu gesto ensoñado y tranquilo
y habitar tus intenciones al florecer el día.

Quiero ser tu compañía devota
quien ahogue tu sosiego en el río de sus victorias
el reflejo de tu espejo
el palpitar de tus pupilas
y que el día menos imaginado
me reconozcas en los molinos de viento
en los impulsos de tu coraje,
y descubras en mi boca
el sabor de tu amor para vivir.

37- Reclamo de la musa

Descubrí una vez más
que fui tu musa canónica
la Calíope de tus victorias épicas
tu causa nueva para escribir,
con la sabiduría del alfarero
me forjaste en tus palabras
le contaste el mundo
que en cada hoja de rocío
te entrego pedacitos de mi ser,
con delicadeza de poeta
me desnudaste entre tus versos
te adueñaste de mis emociones
transformaste mis instantes en primaveras
mis suspiros en esperanzas
me dibujaste en tus metáforas
convertiste en arte y belleza
la cadencia simple de mis palabras
me acicalaste en tus personificaciones,
convertiste bosquejos de mí
en razones para sentir
me eternizaste en tus páginas
desojaste nuestra historia
y la esculpiste en pedazos de paraíso
trazaste los secretos mi tez
y las confidencias de mis labios
en notas que flotan al aire

en el universo infinito de las redes,
definiste con tu cálamo
la energía que corre por mis venas
dejaste marcas de versos
trenzados con hilos invisibles
que roban curvas en mi rostro
y son la luz que anhelo
en las tinieblas agobiantes
de la nocturnidad más oscura,
fui la Erato de tu lírica soñadora
abusaste con descaro de tu talento
haciendo de mis ideales
tu pletórica declaración de amor.

38- Redenciones

Este amor no es de ahora
es de marzos reverdecidos
nació en estaciones pasadas
brotó de la lava dormida.

Trajo consigo redenciones
a mis sentimientos sublimes
cuando el cansancio triste
avasallaba mis últimas fuerzas.

Después de buscarte en mil vidas
navegando sin brújulas
y esperando en cien puertos
misteriosamente te desnudas.

Esta devoción apasionada y dócil
nos descubrió en días de celebraciones
cuando las generaciones vencieron
y los tiempos se conjugaron.

Hoy que el destino nos encuentra
comprendí que somos uno
que somos principio y fin
y estamos entrelazados por la poesía.

Entendí que en los bosques de mi vida
hay árboles de mil colores
pero en el centro de mi alma
hay una flor plantada con tus manos.

Mañana vendrás de nuevo a mí
motivando que la luna radiante y celosa
vuelva a sentir los cataclismos
que produce tu verso cuando toca mis sienes.

Y cuando el beso anhelado
consuma mis labios sedientos de ti
el cielo se eclipsará
adornando tus mejillas con otra lágrima feliz.

39- Regalo de luna

¿Te he dicho que eres como mi luna?
creciente en nocturnos de verano
que por las noches escalas el firmamento
y en la madrugada te desgajas
rendida a los tonos de la aurora
eres mi melodía de cantos infantiles
la moneda nueva y radiante
protagonista de mis cuentos de hadas
la escudera andante
de murmullos viajeros
que se pasea llena de gracia
en la penumbra de los árboles
una gigante de galaxias
colmada de sigilos y belleza
y aunque lejana a la vista
siempre cercana en compañía
eres mi pacto que se reescribe
que se reinventa en cada crepúsculo
el misterio que aviva mi naturaleza
la fuerza que asciende mis mareas
eres cual arroyuelo menguante
que sana mis fieras sequías
mi complemento silente
mientras el sol brilla omnipresente
y al llegar la hora incierta

cuando el eco se hace sombrío
brota tu voz y lo alumbra
tu escarcha me deslumbra
y tu embrujo de polvo argentado
en fases de pentagramas
me enamora en su renacer
me declara a raudales el amor.

40- Reminiscencias

Mientras la espuma alegre de tus olas
besa mi arena tranquila y silente,
el cielo arrebola con tus recuerdos,
el horizonte se tiñe de tu aroma,
las aves recorren el rastro de tus sueños,
los colores que entonan el poniente
guardan pinceladas de tu bienaventuranza
y enrededor la bruma de tu ausencia,
todo lo llena, todo lo invade.

Los corales nacen de tus cabellos,
sedientos de un roce de tus manos,
el estambre de las reminiscencias,
invoca enamorado al polen de tu silueta,
las palmeras que suavemente otoñecen,
descansan sobre la cuna de tu alabanza,
las palpitaciones evocan tus palabras,
las miradas traducen tus sigilos,
mis respiraciones dejaron de habitarme,
para convertirse en suspiros de ti,
los poemas se hicieron ecos de mi pluma
y musitan parajes de tu nostalgia.

41· Rescátame del olvido

Rescátame del olvido
no permitas que me desvanezca
entre la bruma taciturna
borra de mis anaqueles
la fecha en la que la vida
se me quebró entre las manos
tal vez por haberla estrechado muy fuerte
o quizá porque se fundió en el calor.

Acompáñame en mis soledades
no dejes que las olas borren mis huellas
extraviando el camino de regreso
toma mi mano de nuevo
líala a tu ser
como el cordón de tus zapatos
aférrala a tu esencia
como el hilo de la cometa
para que no se pierda en los nubarrones.

Encuéntrame en tus sueños
descubre un oráculo
que te cuente con su embrujo
que anoche fuiste mi último pensamiento
y el primero al beso de la aurora
en tanto que la luna corrió presurosa
para guardar en su cofre

el nácar de mis fantasías
junto al ámbar de mis espejismos
que te esperan en cada paraje
cuando el día alumbra ostentoso
poblando de gozo los capullos nacientes
y también cuando el gris de la lluvia palidece
bajo los susurros envolventes de la tarde.

42- Retrato en mi pared

Colgaré un retrato en mi pared
de esta esperanza en el amor
tal vez de un vacío de ausencias
del sentimiento que dejó de ser
y trascendió a una forma superior
que vive dentro de mí
sin testamentos ni escrituras
que no exige presencias físicas
para reclamar su existencia.
Un retrato que sea como una oración
que rezaré al naciente
e invocaré al poniente
cuando el hombre flaquee
y necesite de un regreso a Ítaca
que renueve las fuerzas
nutra la energía del espíritu
y fortalezca la fe de lo imposible.
Ojalá un retrato en tamaño natural
capturado por un arte generoso
que describa en féminos trazos
el brillo inmaculado de tu rostro
la placidez inagotable de tus mejillas
y plasme en tu gesto engreído
la ilusión que nos reaviva.

43- SENTIDOS

Desde que existes
mis sentidos se tornaron diferentes
te volviste la fuerza inmarchitable
de mi expresión centelleante
que desborda de ilusión,
en mis ojos todo cambió
hay un algo especial y singular
que se hizo astros fulgurantes
en el firmamento de mis miradas
y tus palabras se esculpen en mis oídos,
amo escucharte en la brisa
disfruto los tonos de tus silencios pensativos
adoro leerte en mi poesía
imaginando tu voz en cada verso,
mi olfato se hizo un soñador
y musita coplas quimeras
con las partituras de tu aroma,
desde mi gusto emergen sorprendidos
los ingredientes secretos
de tus besos que hipnotizan,
mi tacto se llenó de ambiciones tórridas
que no se conforman con tocar tu cuerpo
despertando a veces en medio de la noche
sobresaltado y delator
deseando acariciar tu aura
sentir las campanas de tu gracia

vibrando con todo lo que implicas
y alinearse en eclipse total
con las premoniciones irracionales
de tu sexto sentido.

44- SIMULACIONES

Me gusta verte alegre
como juega el viento con tu pelo largo
y esos ojazos indios
que me están mirando y que me están diciendo.
(C. Vives y C. Medina)

Me gusta simular que no te miro
y desafiar tu ego de mujer
es activar el interruptor que guarda
tu colosal capacidad de seducirme.

Es toda una fábula épica
notar cómo te acercas a la persiana
y coqueta desafías el viento
enfrentándolo a tus cabellos traviesos.

Es una oda tu respiración armónica
meciéndose en el devenir de tu risa
mientras roza los bordes de mi piel
besándome en un vaivén sin precipitaciones.

Y tus manos cabalgan sigilosas
por las llanuras de mi torso
mientras tus dedos coquetos
me gritan un hey enmudecido.

Es una melodía ver tu cintura
contonearse al ritmo de tus huellas

mientras entonas una canción
sin banderas y con alfabetos.

Es una paradoja de tonalidades
observar las formas del sol enamorado
que se coló por la ventana
y se arrodilla en los destellos de tu sombra.

Es una ternura angelical
descubrir tu mirada de soslayo
jugando a las escondidas
con mi involuntario parpadeo.

Es toda una sinfonía de picardías
sentir tus ruidos hacendosos
mientras organizas estricta
los resaltadores de colores.

Es una acuarela surrealista
escuchar los canarios de tu paz
silbando trazos al vacío
de esa canción que nos hace callar.

Disfruto aparentar que no te admiro
que no ocupas el espacio compartido
y verte liberar un torrente de señales
para robar altiva todos mis sentidos.

45- SONRISA SIN ANTÓNIMO

Buscando estérilmente
un antónimo de sonrisa
descubrí que es como el vino
que se puede invitar
y brindar también con ella
hay sonrisas medianamente plácidas,
y aunque es factible sonreír cadenciosamente
no es posible medirlas,
las hay como impulsos desafiantes
unas que se deshacen entre los gestos
sonrisas dulces de carmín
azules como cielos de diciembre
y tornasoles como arcoíris después de la tormenta.

He hallado sonrisas sonrojadas
expresivas como corazones delatores
sonrisas sosegadas y francas
humildemente enamoradas
sonrisas buenas como un abrazo de la abuela
transparentes que alivian y sanan
cálidas que se perpetúan en las memorias
sobresaltadas en el júbilo
radiantes de augurios emergentes
algunas que abren portales
y convocan besos en la imaginación.

Lastimosamente
también encontré
sonrisas frías y trémulas
como un tic, tac de relojes indecisos
atormentadas de sarcasmos
algunas a media asta,
plagadas de culpas y desdenes
martirizadas en el desengaño
y otras como representaciones de almas solitarias
diluidas en la tristeza.

46- Sueño frente al mar

Como casi todas las noches
ayer estuviste en mis sueños
regresé a esos atardeceres ceremoniosos
sentados frente al mar
cuando gastábamos el tiempo sin medida
esculcando en lo mundano y lo divino
asumiendo el universo y sus delirios
fundiendo nuestras miradas
en un torbellino de aves de mil colores.

De nuevo sentí la adoración que nos une
esa que ignora reclamos y ataduras
que muy pocos viven
que no conoce vuelta atrás
y no negocia con monedas
que se brinda sin egoísmos
que se comparte sin prejuicios
que retoza dulcemente
entre los párpados y el espíritu
que se expresa con la misma elocuencia
en palabras o gestos
en abrazos o silencios.

En la tranquilidad de la madrugada□
□□□

las trompetas del despertar
interrumpieron un momento evocador,
en mi boca quedaban restos
de la ternura de nuestro primer beso
de la pasión de nuestra despedida
y por la aridez de mi garganta
pasó el deseo de que no tardes
desde la orilla solitaria de la opacidad
palpé el sabor de estar a tu lado,
como en aquellas tardes célebres
sentados frente al mar.

47- TE PINTARÉ

Tomaré un nuevo pincel
tensaré un lienzo virgen
organizaré los óleos
y bosquejaré desde mis anhelos.
Te dibujaré una sonrisa
que ni el más feroz de los miedos
ni la tormenta más cruel
te puedan borrar.
Te pintaré una alegría
que sea tu marca indeleble
y te permita conquistar
imperios, asteroides y galaxias.
Te colorearé una fe fulgurante
que pueda derrumbar cordilleras
endulzar los mares
y confiar en los imposibles.
Te esbozaré una ilusión
que sea tu combustible infinito
tu ímpetu inmarchitable
aún en los momentos de adversidad.
Te delinearé una esperanza
que sea tu aliento perenne
en las ocasiones que el ruido
golpee el lecho de tu existir.
Te trazaré una gracia angelical
que acaricie corazones

y te custodie en cada sendero,
en cada instante de tus fechas.
Te pintaré el amor infinito
que te enseñe a domesticar el mundo
que colme de color tus estaciones
y que te conecte al cosmos.
Te colorearé una paz transparente
que sea el faro de tus designios
cuando la oscuridad salvaje
tiente el verdor de tus parajes.
Te dibujaré una sabiduría sempiterna
que te ayude a aprender de los sabios
discernir en tus decisiones
y ser justa en tus acciones.
Te trazaré una fuerza suprema
para cuando llegue el día
en que sea yo quien desfallezca,
me sostengas en tus brazos.

48- TODO LO QUE QUIERAS

Hay instantes en los que desenmaraño temores
y siento que me atrevería a mirarte a los ojos
y decirte que quiero ser tu primer pensamiento
tu cómplice sin etiquetas ni letreros
tu diálogo recurrente e incondicional
cuando quieras hablar de cosas triviales
trascender en cosas fundamentales
o simplemente conversar sin parar
de todo lo que quieras.

Hay instantes en los que serenamente
esculpo horizontes cercanos
y siento que podría proponerte
ser tu compañía recurrente e incondicional
ese hombro que estará contigo
cuando quieras escapar del bullicio
y ausentarte de la monotonía
el que busques para abrazar
para reír, para llorar, para sentir
para recuperar tu paz, para soñar
tu aliado sin restricciones ni suposiciones
que estará contigo y para ti
en todo lo que quieras.

Hay instantes en que te pienso entre cada respiración
e imagino retratos presentes

y permitiría que mi sombra imprudente
se funda con la tuya
y te confiese sacramente
que quiero aprender a tu lado
que anhelo crecer junto a ti
pero, sobre todo,
deseo vivir contigo
de manera recurrente e incondicional
todo lo que quieras.

49- Todos mis suspiros

Todos mis suspiros musitan tu ser
cada uno tiene una significación tuya
y evocan fragmentos de mi alma
que se han quedado contigo.
El suspiro de verte partir
aprieta con vehemencia mis venas
y le regala a una lágrima tenue
la victoria suntuosa de conquistar
mi semblante que se apaga de ti.
El suspiro de tomar tu mano
de extraviarme en tus cabellos
sentados frente al mar
me hace creer incondicionalmente
en lo sublime y lo perenne

El suspiro de este ahora
esculpe murallas de ecos
y llena de barnices tristes
el paisaje que otrora fue júbilo.
No es un suspiro cualquiera
es un guerrero de emociones
un verdugo de júbilos
un verano de manantiales
que se hunde en mi pecho
anhelando que lo apagues
con las alas de tu respiración

que te imagina a mi lado
trenzados en un abrazo mezquino
que me hace bailar solitario
en vorágines de cánticos mudos.

Es un suspiró facineroso
que nace de una flauta de leyenda
y toca una melodía monódica
que me conduce como niño
al seno de las ensoñaciones
donde me pierdo una vez más
en tu mirada de poesía alucinante
buscando ansiosamente en tu boca
un beso dulce de ambrosía
que inunde mi espíritu
con un invierno de presagios festivos.

50- TODOS TIENEN LUGAR

Convoquen las brisas danzantes
que enjuaguen su rostro en la fuente
traigan las guitarras de voces profundas
los estantes rústicos de los abuelos
los escritores proscritos
las hechiceras medievales
los fuegos purificadores
la hiel de las desventuras
los vinos que embriagaron las victorias
conviden a los conspiradores del futuro
las avalanchas de nieve y las tormentas de arena
los podadores de las primaveras
los verdugos de las nuevas ideas
los naufragios en el mar de las vanidades
los trinos de pájaros enjaulados
los acechadores de las esperanzas
los que esperaron la muerte mientras llovía
llamen a los que empuñaron el fusil
los que curaron los corazones enfermos
los abrazos tibios y cuestionados
las almas tranquilas y conciliadoras
las razas consideradas inferiores
los colores percibidos diferentes
los mártires de las luchas perdidas
los mantos manchados de tristeza
inviten las alegrías festivas e inmortales

los libros sellados
los diarios mutilados
los contadores de estrellas titilantes
los que cercenaron las venas y el latir del pueblo
los que creyeron en la redondez de la tierra
los que descifraron los enigmas
los que negaron su fe
que vengan todos
y por favor que en la invitación rece:
bienvenidos a un diminuto poema
en el que todos tienen lugar.

51- Tu y yo

Tú eres esa ilusión que me habita
que puebla lo profundo de mi esencia
el umbral abierto al horizonte
cuando el caos me abruma,
el faro de los momentos más aciagos
tu voz es el tenue murmullo de las olas
que me abraza sosteniéndome
en la inmensidad del mar.

Yo soy el que inventa excusas
para robarte alegrías del corazón
el que desterró sus caricias
en los reinos de tus rincones,
el poeta taciturno
que en las calles de su vida
siempre guardará una esquina
para disfrutar en tu compañía.

Tú eres el mismo balcón
donde florecen mis atardeceres
en donde se posan mis canarios
cansados de tanto emigrar,
la princesa del aura brillante
que enamora el céfiro al pasar
la de la mirada absoluta
que obnubila el alba al despuntar.

Yo soy el del semblante alegre
y las frases que hacen compañía
el de los versos peregrinos
que te hicieron su musa,
el caballero de tiempos sin medidas
el de los sueños cabalgantes
donde coincidimos tú y yo
y somos uno solo.

52- Un lunar

Qué tiene que pasar
qué tipo de cataclismos esperas
cuántos cometas deben descolgarse
cuántos calendarios has de deshojar
aún la juventud te galantea
el planeta todavía necesita arcoíris
dónale tu sonrisa al cielo
abre el cofre de los duendes
olvida las penas vetustas
renuévate en ilusiones
despierta la niña feliz
enfrenta al adulto temeroso
danza sobre los imposibles
despliega el manantial de tu alma
deja que fluyan las aguas cristalinas
besa un nuevo anhelo
aférrate a tus tesoros
construye un nuevo reino
edifica en el centro un castillo
cierne una corona sobre tu cabeza
olvida la costumbre de la soledad
rasga el velo que te oculta
resplandece, vuélvete alborada
lava tus temores en el mar
sonríe y hazte el navío
iza las velas de cara a vientos nuevos

descubre bahías inesperadas
ponle tu nombre a un puerto
róbale segundos a las horas
y enamórame con un lunar.

53- Un poco más

Cuando tocas el portal de los pensamientos
te vuelves una antología de canciones
el buzón te espera con ansias
el teléfono anhela una señal de ti
una notificación, una foto, un poema
algo que se cuele por los resquicios de la oscuridad
y se pose en la frente como un beso.

Cautivas el existir desde tu verbo
tus evocaciones llegan cargadas de dulzura
invitas a las huellas a viajar por tu boca
desnudas las cicatrices con pétalos tibios
riegas el campo con semillas reveladoras
conmueves los valles con promesas desnudas
pueblas el campanario de constelaciones doradas
de atisbos de ser la persona indicada.

Con el lapislázuli de tus candiles
pintas los días de tonos sixtinos
retas las razones y las corduras
atrapas en las profundidades de tus ojos de mar
te guardas en los callejones de los libros
retozas en los colores de la ventana
esculpes los lienzos con tus girasoles.

Y estoy preso de estas emociones
ensimismado en las líneas de tu geografía
en los melismas de tus abstracciones
que cada instante
que cada instante enamoran
que cada instante enamoran un poco más.

54- Una canción de invierno

No te he dicho que cuando conversamos
fragmentos azules del paraíso
y estelas de emociones dulces
destilan por las persianas de mi felicidad.

Que paisajes de fábulas rebeldes
apuestas de tréboles recién nacidos
y el sonido del agua entre las rocas
aderezan la mesa de mis certidumbres.

Que el susurro sinfónico de los pájaros
acompañado de ponientes de hamacas
pregonan el tiempo de mis caminos
y atavían de fe los colores del viento.

Que el corazón se me detiene
en instantes solemnes y estrellados
para esculcar en sus rincones
los restos de tus néctares de amor.

Que en primavera esculpí pétalos
sobre los jardines de la ensoñación
para que florecieran en tus gajos
cual trinitarias tejidas en canción.

Que en verano guardé tus besos del sol
bajo la sombra fresca de mis ojos francos
para conservar el perfume de tu alma
cerca de los caprichos de mi coraza.

Que en otoño dejé caer una hoja en blanco
para que tu imaginación volara al viento
y plasmar con los lápices de tu intimidad
la conjugación de una historia insospechada.

Que en invierno permito que las gotas
desfilen sobre mi cuerpo erizado
como una procesión de algas
para que me abrigues con el ritmo del mar.

55- VAIVÉN DE NOSTALGIAS

Esas pinceladas de cielo
me convocan a añorarte
el sol estrechándose en el horizonte
suma cifras a la cuenta
de otro día más sin ti
y así como el ocaso
se resguarda en la soledad de la noche
mi pasión se repliega
buscando tu regazo
esperando tu alborozo
anhelando un beso en la frente
de esos que vienen acompañados
con serenidades de paz
y abrazos matutinos.

Eres lo que compone todo
el átomo de mis elementos
el tiempo de mis estaciones
eres constante y perenne
efímera y fugaz
eres el vaivén de mis nostalgias
que se afligen de no tenerte
y se difuminan al escuchar tu voz
al recordar tus besos
tatuados en mi piel desde siempre,
son mis acordaciones el testimonio

de tu vida en la mía
los testigos nocturnos
de aquel hechizo de luna gris.

Y cuando entre sueños
tu expresión llega a mí
las ganas inmutables de abrazarte
florecen en mi piel
elevando mis sentidos
llenando de vida mi ser
llevándome a lugares conocidos
a momentos secretos
que se perpetúan enlazados
a nuestra historia de amor
de octubres reverdecidos
y marzos ilusionados.

56- Vísteme de tu perfume

Cállame con un beso
irrumpe en mi gesto con tus labios
cuéntame tus historias
atraca en mi morada tu barco de papel
toma tu lugar de timonel
que yo seré el ancla de tu alma.
Recorre los libros deshojados
hiere de rojo los cuadros grises
abrígate en mi nido solitario
comparte el espacio de mis reposos
no permitas que la vida siga pasando
por los callejones ladrones del viento
detén el tren de tus marchas
en la estación que tiene mi apellido
bebe de la copa de vino tinto
que cada día sirvo para ti
embriaga mis racionalidades
organiza una fiesta en mi cocina
siéntate a mi diestra
en el lugar que toda la vida
ha esperado por ti.
Aprieta tu pluma y escribe las plegarias
de una nueva religión sin reproches
quiéreme sin permisos
sedúceme con la locura
cierra los postigos de mi casa

y lanza la llave por la ventana
haz arder mis cortinas
abre las jaulas de las golondrinas
inclina tu oído a mis secretos
ahógame en tus abrazos
hasta que mates mi sed de ti.
Arráncame los miedos taciturnos
desnuda mis palabras emergentes
vísteme con el dulce de tu perfume
agótate de tanto amarme
duerme en mi lado de la cama.
Pero si pasares sin pesares
y decides no llamar a mi puerta
tan solo evoca aquella tarde
en la que tus ojos refulgentes
gritaron amor a suspiros
y tal vez los recuerdos
te hagan volver sobre tus pasos.

57· VOLVER AL PUEBLO

Volver al pueblo
como regresan las cometas decembrinas
con el corazón henchido
desbordante de sentimientos eternos
es retornar a los veranos abrasadores
cuando el astro fulgente
atravesaba rebelde los cristales
y se desvanecía en acuarelas tornasol.

Volver a las veredas arboladas
es sucumbir al hipnotismo pretencioso
de los mangos meciéndose al viento
mientras cautivan las verdes copas
es desandar las calles de arena blanca
que hoy enmascara el concreto
y retornar con los amigos de otrora
a las travesuras de la infancia.

Volver al amor de la tierra
es reencarnar en las noches de ensayos
andar las tardes de juventud
y grabar en el árbol del parque
tu nombre tejido al mío
es escuchar las gotas de sudor
y el vibrar de mis manos trémulas
la primera vez que besaron las tuyas.

Volver a la casa vieja
es reencontrarse con las crines plateadas
retar los lustros perdidos
y a las generaciones olvidadas
es evocar la entereza de un guerrero
y la ternura inmarcesible de un regazo
es permitir que la inmensidad azul
colonice cada una de mis promesas.

Volver a la senda de los abuelos
es restaurar los septiembres festivos
cocinar dulces de cuaresma
es revivir los dieciséis de diciembre
y jugar al fútbol con relatos épicos
es rasgar el baúl de las desmemorias
conjurar canciones envejecidas
y poemas que nunca se escribieron.

58- Vueltas de despertar

Mi corazón tiene la certeza
de encontrarte en sus sueños nocturnos,
cuando algunas visiones se hacen recuerdo,
y otras sólo fragmentos de déjà vu,
mientras abro los ojos cada alborada
tu certidumbre ocupa mis utopías
con procesiones de azules mediterráneos
y los vestigios de tu rastro
aún pueblan el aire fresco
como si acabaras de dejarme,
como si hubieses poseído
cada intersticio de mi alma aún adormecida.

Cada despertar respondes la pregunta
le susurras al oído del horizonte
parábolas de pieles entretejidas
abrigas mi corazón con tus sonetos
con bocas de manantial y espuma,
abres el enrejado de mi emoción
y junto a mis ojos heridos de luz
dejas que escapen al campo
los canarios emancipados que te aman
que te imaginan y te desean
desde aquel instante de verano
en que tus ojos me llenaron con su sonrisa
y abriste el umbral de tu alma
para dejarme descansar en ella.

En el brillo de la aurora te diluyes fugaz
pronunciándote en los dinteles de la soledad,
te desvaneces en el abismo de mis labios
que no dejan de llamarte a través del viento,
deambulas por los adoquines de mis callejuelas
y en la penumbra que se aleja
hallo cenizas de tus antorchas
que estremecieron mi noche plateada,
esperaré con paciencia otra ensoñación
mientras resto nuestros pasos
con la ilusión de un beso
y alargo los surcos de mi amor
a través de tu silueta hecha verso.

59- ¿Y SI NOS AMAMOS?

¿Y si te amo?
No con ese sentido intrascendente
de la frase banal y corriente
que se evapora en los callejones
sino con la fuerza de la luz
en la penumbra de la aurora
con la fe en la rama de olivo
de la paloma que emigra
buscando tierra fértil
para renacer entre las aguas.

¿Y si me amas?
No con el desgano lúgubre
de las palabras sin sentido
sino con la certeza de ser uno
con la convicción de la admiración
con la certidumbre jubilosa
del girasol al nacer el día.

¿Y si nos amamos?
No pensando en el mañana
ni en el hoy ni el ayer
sino desoyendo horóscopos
olvidando oráculos y adivinos
con la fuerza vital
que trasciende el latir de la emoción

desbordando preceptos y dogmas
con el convencimiento elemental
de ser en la eternidad almas gemelas.

60- Y VOLUNTARIAMENTE...

Quizá hay días
en que no siempre te pienso
sencillamente no estás presente
son despertares que comienzan con mi jolgorio
y los besa repentinamente la saudade de tu ausencia
son mañanas soleadas y celestes
y emerge tu fantasma entre las cortinas inocentes
son atardeceres en que me olvido de tu sonrisa
y su eco retumba en las grutas de mi paisaje
son noches en que te ignoro
y tu rostro se asoma en las paredes de mi insomnio.

También hay días
en los que siempre te pienso
concurres venturosa a mis escenas
te paseas galante por el hilo de mis ensueños
y voluntariamente en todo estás presente.

UN MICRORRELATO

Corazón culpable

Recuerdo aquel célebre aforismo que una tarde de domingo me enseñaras cavilosamente: 'los caballeros no tenemos memoria'. Sin embargo, no encuentro las formas ni los trazos ni los sonidos que me permitan explicarte que, después de un nuevo abril, incluyendo amaneceres y noches, estaciones, trenes, marquesinas, lloviznas, redes y cafés en soledad, no he podido desterrar sus hojas sepia de mis nostalgias de calendario; con remembranzas usuales e incurables, conmemoro mis labios húmedos, bosquejando soles y bemoles sobre el pentagrama simple de su espalda plácida y amable, aún tengo vívidos los poemas que comencé a escribir sobre su pecho, y esos versos últimos que se desdibujaron mansamente en las parábolas insinuantes de su cintura de juventud. Cómo te revelo que el incesante y casi melódico tic, tac lejano desviste mis deseos que siguen estrellándose contra la pared, y mientras las cadenas del desasosiego me colonizan y esclavizan, sólo queda el consuelo egoísta de buscar en las gavetas aquella tenue fotografía, mirar su mano asustada que escasamente oculta una sonrisa traviesa, y al fondo un paisaje de arreboles, evocando los atardeceres que la aflicción del tiempo y el insomnio no han podido desvanecer. Cómo esquivo tu juicio, para que no adviertas que la flama implacable de esta pasión desesperada y plagada de ambrosías me enmaraña en sus tibiezas y me aprisiona en los dulces pliegues de su piel embriagada de rocío; que no puedo desterrar de mi ensoñación, la tranquilidad desnuda y la presencia absorta del espejo –frente al que nos sentamos– conmovido por el reflejo inexorable de mi mirada en sus ojos enamorados, el día en que, con una exhalación vestida de suspiro, le confesé que yo, desde este corazón culpable, silente y taciturno que heredé de ti, también la amaba.